AF329553

UNE VÉRITÉ

DÉMOCRATIQUE

(QUESTION SOCIALE)

PAR UN SICILIEN.

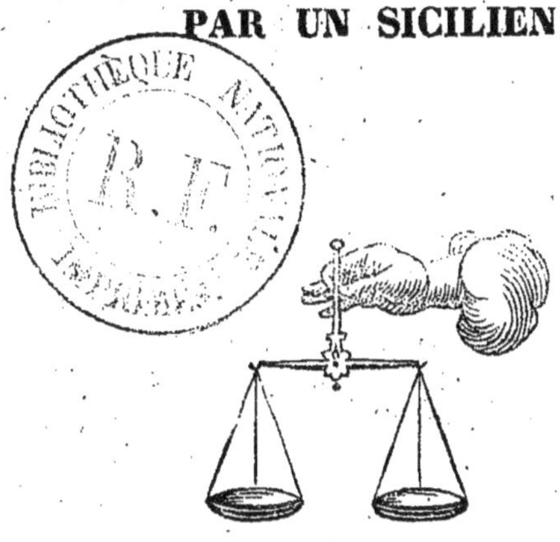

Prix : 15 centimes.

PARIS

GEORGES DAIRNVÆLL, ÉDITEUR,

Rue de Seine, 11.

1849

UNE VÉRITÉ

DÉMOCRATIQUE,

PAR UN SICILIEN.

Le but que toute nation doit se proposer, c'est le progrès et le bonheur de tous les membres qui la constituent. Pour l'atteindre, toute opinion, tout intérêt particulier doivent céder en vue de l'intérêt général. Cela posé, jetons un coup d'œil rapide sur l'état actuel des choses, afin d'appliquer ce principe philanthropique, le seul qui puisse nous guider dans la bonne voie.

Nous sommes actuellement en république, les représentants et les chefs de la nation émanent du suffrage universel, qui résume la pensée du peuple, par conséquent nul doute qu'il est dans l'intérêt du peuple de choisir parmi les membres de la nation ceux qui, par leurs talents et leur bienveillance, méritent sa confiance. On voit donc par là que nous sommes déjà entrés dans la voie du progrès, il ne nous reste à accomplir que le second but, c'est-à-dire le bonheur de la nation. Or, comme c'est dans l'intérêt de la plupart des citoyens de maintenir ce progrès en marche, jusqu'à ce que nous parvenions à obtenir ce but désiré, il faut bien prendre garde dans le choix de nos représentants, sans quoi, non seulement nous risquerions de rétrograder, mais encore nous ne pourrions jamais l'atteindre.

Ce choix est la pierre d'achoppement de toute nation dont les lumières ne sont pas assez répandues parmi le peuple, pour qu'il puisse connaître par lui-même ceux qui conviendraient mieux aux intérêts généraux de la nation, et échapper ainsi aux funestes influences et aux intrigues des hommes qui veulent faire valoir leurs intérêts particuliers. Et si vous en voulez une preuve frappante, il vous suffit d'examiner les belles élections des représentants des départements du Nord, en comparaison de celles des départements du Midi, qui souvent ont été retrogrades ; et cela même devrait exciter l'émulation de ces derniers dans le choix des hommes les plus libéraux, afin de provoquer l'instruction primaire dans cés départements du Midi, qui sont encore très arriérés.

Or, pour ne pas nous tromper dans cette appréciation, il faut examiner quel rôle doivent remplir le président et les représentants de la nation, et par conséquent les qualités nécessaires que nous devons rechercher en eux afin que nous puissions juger par nous-mêmes ceux qui peuvent sauvegarder l'honneur et l'intérêt national. Mais avant d'entrer dans ces détails, il faut examiner d'abord l'état moral et politique de la société, pour voir si jusqu'à présent on n'a pas rencontré quelque obstacle qu'il nous faut éviter de même que les êtres subversifs du cœur humain dont il faut nous défier, et enfin par quel moyen nous nous proposons de parvenir à la conquête du bonheur social.

Depuis la révolution de février, une lutte exaspérée, soit par l'organe des journaux, soit par les clubs et autres sociétés politiques, a éclaté entre les communistes et les royalistes, entre les socialistes et les aristocrates, enfin entre les bourgeois et les prolétaires, laquelle pourrait se résumer avec plus de vérité entre la lutte du capital et du travail. On a déterré aussi les anciennes doctrines des fouriéristes et des saint-simoniens; on a fait divers gâchis de tout cela, et quand on a voulu les appliquer, on est tombé dans des utopies révoltantes, et dans deux fautes impardonnables ; je veux dire l'atteinte aux intérêts privés et au libre arbitre des hommes ; et par là tous ces doctrinaires ont jeté dans la société un germe de discorde, qui devient de jour en jour plus frappant; et déjà toute la société s'est fractionnée en deux camps, l'un de socialistes, représenté par la presse démocratique, et l'autre par la réunion de la rue de Poitiers, représenté par les journaux réactionnaires, et tous les deux sans un véritable but de justice arrêté, et voulant les uns s'emparer du pouvoir pour venir à l'aide des ouvriers, en employant pour cela la parole et la persuasion ; les autres pour maintenir le pouvoir et pour mieux engraisser les poches des riches, emploient la ruse, la grande puissance, la force et tous les éléments de la corruption. Or, une telle scission nous amènera sans doute à la guerre civile, que toute nation civilisée doit éviter, comme le fléau le plus affreux dont le genre humain puisse être atteint, et que les autres puissances, jalouses de notre bonheur, ne demandent pas mieux, afin qu'étant divisés, elles puissent mieux nous combattre pour nous amener de nouveau la monarchie. Et tandis que la révolution de 1789 a anéanti tous les préjugés, les priviléges et l'absolutisme, tandis que celle de 1830 a borné le pouvoir et détruit toutes les castes, et celle de 1848 la monarchie et avec elle le honteux trafic des ministres, des titres et de toutes les charges publiques dont jouissaient les classes aisées, au préjudice des classes pauvres. Ainsi, au lieu de nous occuper des intérêts généraux de toutes les classes de la société, nous alimentons leurs haines par les représailles et par la révélation de certaines idées préjudiciables à la classe la plus aisée de la société.

Mais si au lieu de suivre cette fausse route, qui nous a fait rétrograder de beaucoup, nous avions excité l'émulation et les nobles sentiments dans cette dernière classe, afin de soulager les classes les plus pauvres, ou mieux encore, si nous avions énoncé avec modération et justice le lien qui existe dans toutes les classes de la société, tellement que les unes ne peuvent exister sans les autres, et que surtout ce sont les classes pauvres qui nous fournissent les éléments de première nécessité; si nous avions montré que l'or et l'argent n'ont aucune valeur en eux, qu'ils sont des métaux comme tous les autres, que les hommes les ont conventionnellement choisis par leur brillant, leur tenacité et leur pesanteur, comme moyen facile de transport pour se procurer plus facilement les échanges qu'alimentent les diverses industries, qui sont indispensables pour satifaire les différents besoins que l'homme s'est créés dans la société, et qu'enfin ces métaux acquièrent d'autant plus de valeur, qu'ils sont plus métamorphosés par les bras, nous aurions montré par là que le droit au travail est incontestable; et je ne doute pas que, par ce moyen, non-seulement nous aurions poussé le progrès à l'intérieur; mais aussi l'influence de nos idées justes et modérées, se répandant de proche en proche, aurait placé nos voisins dans la bonne voie, et par là nous aurions eu un rempart redoutable contre toute atteinte qu'on aurait pu porter à nos institutions, et la prophétie de Napoléon se serait vérifiée.

Mais déjà le mal existe, et avant qu'il s'empare des organes de la vie, nous serons forcés de retrancher toute la partie malade pour sauver la bonne. Un sacrifice est donc nécessaire, il est indispensable d'ôter toute idée qui peut renouveler la crise dans le monde, et j'espère que la haute intelligence des esprits français est prête à le faire, parce que c'est le seul moyen de regagner une autre fois la confiance publique, et d'arriver au bonheur de la société tout entière. Nous renoncerons donc au socialisme: ce mot, je suis sûr, frappera au premier abord, parce qu'il blesse la faiblesse humaine qui s'attache plus à l'apparence des choses qu'à ses véritables ressources; mais quand j'aurai terminé ce chapitre, j'espère que ceux qui voudraient dans ce moment me lancer l'anathème seront envers moi plus indulgents. Nous renoncerons donc au socialisme, non parce qu'il se propose un mauvais but, mais parce qu'il a été énoncé avec trop de licence, parce qu'il est confondu le plus souvent avec le communisme, a engendré la méfiance, irrité trop les esprits, parce qu'il n'est pas encore parvenu à poser l'idée dans sa netteté nécessaire pour rendre évidente la justice, et enfin parce que ce mot semble plus particulièrement blesser les gens aisés de la société qui sont nos frères à nous. Et comme tout homme honnète ne doit avoir aucune prétention personnelle et que son guide doit être le bonheur de tous, nous y renoncerons dans l'assurance que, d'après cet acte de magnanimité, toutes les haines, les divisions et les partis, qui tendent dans ce moment au bouleversement de l'ordre social, s'apaiseront, et d'accord, nous nous prêterons l'un l'autre la main, afin que chacun, dans son état, puisse jouir de la tranquillité de son âme, subvenir à ses besoins et concourir au bien-être général.

Cela posé, nous entrons tout de suite dans l'exposition de notre théorie philanthropique, et si nous réussissons à prouver qu'elle est susceptible de toute application sans porter atteinte aux intérêts privés des hommes et à leur libre arbitre, nous aurons résolu le problème du bonheur social.

Dans la société ont existé de tout temps trois agents travaillant sans cesse pour son maintien et son amélioration, je veux dire l'esprit, le capital, les bras, et mutuellement ils ont subi la roue de toutes les choses humaines et la transsubstantiation de tous les êtres de la nature, c'est-à-dire que les bras par leurs travaux et leurs économies ont pu améliorer leur existence et devenir capital, et esprit, selon que les membres compris dans cette catégorie ont employé leurs ressources à cultiver l'un ou l'autre de ces deux agents ; et à leur tour les membres compris dans la catégorie de l'esprit ou dans celle du capital ont pu tomber dans celle des bras par négligence ou par prodigalité. Or, cet esprit de justice devrait être suffisant pour nous tenir calmes, et faire mieux apprécier l'acheminement des décrets de la Providence d'une part, et exciter de l'autre l'amour vers le prochain, et notre émulation envers le bien et l'amélioration de nous-mêmes.

Pourtant, malgré que ces trois agents se prêtent l'un l'autre la main et que leur existence soit si intimement unie que, dans la société, l'un ne pourrait exister sans l'autre, nous voyons que certains membres des deux catégories, placés dans le haut de la série, oubliant le devoir de l'humanité, cherchent toujours à prédominer les membres de l'autre, et à s'arroger toutes les prérogatives, en d'autres termes, ils emploient la grande puissance et l'usure, abus vicieux condamnés par tous ceux qui ont le sens commun et des sentiments honnêtes. Or, c'est de ces abus que naissent toutes les crises sociales, qui sont la source de tous les crimes et de tous les vices qui pullulent dans la société. Or, puisque nous avons vu que ces abus sont condamnés par tous les gens honnêtes et souvent même par ceux qui appartiennent aux deux catégories placées dans le haut de l'échelle sociale, et puisque nous avons vu aussi que les membres appartenant à l'esprit et au capital tombent souvent dans la catégorie des bras (d'où l'on a établi que les véritables richesses consistent dans la vertu et le mérite), il est juste donc que le suffrage universel crée un pouvoir suprême qui puisse avec impartialité régler les choses de l'humanité, et maintenir dans la société ce lien de justice, cet équilibre indispensable pour l'ordre et la prospérité générale.

Or, ce pouvoir suprème doit être transmis au gouvernement et à l'Assemblée nationale solidairement , car ayant tous les autres pouvoirs, ils pourront renouer les diverses branches de la société entre elles , empêcher tous abus, et accorder à chacun la juste récompense selon le mérite de son travail. C'est donc le gouvernement seul qui peut accorder aux hommes le bonheur véritable, c'est lui qui peut faire l'application des mots saints de liberté, égalité et fraternité, choisis comme l'emblème de la République, et faire revivre sur la terre l'âge d'or, toujours préconisé et jamais atteint.

Pour parvenir à ce but il ne faut porter aucune atteinte aux intérêts privés des hommes, autrement notre édifice serait renversé; mais au contraire exciter la confiance, qui est la sauvegarde de tous. Mais pour établir cette confiance, il faut que les hommes qui travaillent par leur esprit aient une juste récompense selon leur aptitude, ceux qui entrent dans la catégorie du capital (qui est le fruit du travail accumulé) jouissent aussi du fruit de leurs épargnes; et enfin ceux qui prêtent leurs bras, il est incontestable qu'ils ont droit à la récompense de leur activité, d'autant plus que sans eux nous manquerions de ce qui est nécessaire à la vie. Nous devons tâcher aussi d'éviter un autre écueil non moins dangereux, je veux parler du libre arbitre qui est intimement lié aux divers intérêts des hommes et à la foule des objets créés par la société, qui sont inséparables du goût de leur esprit. Ainsi pour nous les esprits travailleurs seront toujours libres de se donner à tel ou tel genre de travaux scientifiques et littéraires, selon leur propre inclination; de même pour les capitalistes, ils pourront, selon leurs penchants et leurs intérêts, se livrer à tel genre d'industrie et de commerce qui leur plaira, et il en sera de même pour les ouvriers: ils appliqueront leurs bras aux arts et aux métiers qui leur conviendront le mieux; en un mot, la société ne doit pas être altérée de son état normal, qui résume la marche de l'esprit humain, et les besoins qui ont été créés dans cette période. Seulement, comme de leurs travaux réciproques proviennent la richesse et le bonheur de la nation, et que c'est surtout entre les catégories du capital et des bras qu'existent les abus que nous devons réprimer; et comme dans le partage de la récompense les trois agents se réduisent à deux éléments, c'est-à-dire au capital et au travail, dont l'un prête l'aliment pour la subsistance, et l'autre le moyen pour l'augmentation de la valeur du capital, nous voyons donc par là que ces deux éléments, pour leur existence même , sont forcés de se rendre un service mutuel, et par conséquent leur récompense doit être égale. Or, pour que ce pouvoir suprême dans son jugement n'excède pas les bornes de la justice, nous devons examiner d'abord ce qui est nécessaire pour le maintien de ces deux éléments, ensuite nous verrons si de leurs services réciproques il reste quelque produit superflu que nous puissions partager pour donner à chacun sa juste récompense.

Après avoir fouillé attentivement dans le passé et dans l'état actuel de la société, il est impossible de ne pas reconnaître que le capital, pour ne pas se détériorer, doit recevoir une quantité d'argent nécessaire à son entretien. En effet, la société et la loi même lui accordent ce qu'on appelle vulgairement le fruit; or, ce fruit nous l'appellerons à juste titre le *soutien du capital*; mais pour qu'il reçoive ce soutien il est forcé de rendre un service à ceux qui fournissent le travail. Or, les travailleurs pour être aptes à lui rendre ce service, ont besoin qu'on leur donne aussi une quantité d'argent indispensable à leur subsistance, c'est proprement ce qu'on appelle le salaire, et que nous appellerons l'*aliment du travail*, parce qu'il indique mieux le rôle qu'il exerce. Mais, à part cela, nous savons que le travail et le capital marchant d'accord donnent un résultat que nous appellerons le *produit réciproque*, lequel par méprise s'approprie presque toujours le capital.

Par là nous voyons clairement que la société a été juste en accordant un fruit au capital, qui est son principal ressort, mais elle a été injuste envers le travail qui est l'agent principal de la production, elle a été arbitraire dans la répartition des salaires, et enfin on aperçoit là une individualité assez frappante, car le travail n'a pas été considéré dans le partage du *produit réciproque*.

Frappés de ces vérités évidentes, nous avons assez de confiance dans le pur sentiment de liberté qui prédomine dans l'Assemblée nationale pour être sûrs qu'elle nous donnera des lois en conséquence, en vue de faire disparaître ces abus, et que nous formulons dans ce sens :

1° Que le capital ne puisse percevoir plus de ce qui est indispensable à *son soutien*, de même que les travailleurs ne puissent percevoir moins de ce qui est nécessaire à l'*aliment du travail*;

2° Que dans chaque exploitation et dans chaque industrie doit être prélevé le *soutien* du capital employé en machines, en avances et autres matériaux nécessaires selon le prix de revient sur lieux, et au taux établi par la loi; de même qu'on doit prélever l'argent nécessaire pour l'aliment du travail au taux établi par la loi précédente.

3° Après que l'on aura partagé ces quotités, on prélèvera d'abord le capital, on examinera ensuite ce qui reste du *produit réciproque*, et on le partagera fraternellement.

Après que l'Assemblée nationale aura promulgué ces lois équitables, elle enverra un programme dans tous les faubourgs, les villes et les villages, par lequel elle engagera les corporations des agents qui fournissent des capitaux aux différentes industries, de même que celles des travailleurs qui rentrent dans tous les états, à choisir chacune trois délégués, qui seront obligés, tous les mois, de donner leurs comptes hebdomadaires aux conseils cantonnaux et municipaux des produits du travail et du capital, afin que ces conseils, créés par le suffrage universel de chaque commune et de chaque canton, connaissant les besoins locaux, et les produits du capital et du travail dans chaque exploitation et dans chaque industrie, puissent assigner aux travailleurs leur *aliment* nécessaire, et aux capitalistes le *soutien* de leur capital. Quant à la moitié du *produit réciproque* qui revient aux travailleurs, selon la quantité des employés dans chaque art, dans chaque industrie et dans chaque exploitation, ils pourront élire trois juges ou plus parmi les travailleurs eux-mêmes, qui le répartiront en plus ou en moins, selon l'âge, l'habileté et l'activité des travailleurs. Et toutes les fois que les capitalistes ou les travailleurs ne seront pas contents de l'arrêt de ces conseils, soit pour le soutien du capital, soit pour l'aliment du travail, ils pourront s'en référer à la cour d'appel, qui sera formée par les conseils généraux de chaque département, et en dernier lieu à l'Assemblée nationale qui irrévocablement jugera la contestation. Ce premier travail, j'en conviens, sera pénible pour les conseils cantonnaux et municipaux, mais il n'est que temporaire, et jusqu'à ce qu'ils aient établi le taux du *soutien* et de *l'aliment* : car par la suite les délégués seront chargés de leur fournir les résumés des produits, lesquels, après avoir été enregistrés, seront envoyés dans les départements, et enfin au gouvernement, pour qu'au besoin ils puissent être discutés dans la Chambre.

Par ce procédé, nous mettons un lien inséparable dans toutes les branches de la société, les haines et les partis s'apaiseront sous le glaive de la justice. Par là la concurrence et l'activité des travailleurs deviendront plus grandes, car c'est dans leurs intérêts d'augmenter les produits réciproques.

Enfin le gouvernement et l'Assemblée nationale ayant dans leurs mains la totalité des affaires et le fil de toutes les démarches sociales, ils pourront apprécier les besoins les plus pressants de la nation, donner la direction convenable aux esprits, aux capitalistes et aux bras, selon les débouchés et les besoins nationaux et commerciaux, en sorte que le capital sera moins exposé aux chances fortuites, de même que les ouvriers ne risqueront plus de rester sans ouvrage ; car, à mesure que l'on voit manquer telle ou telle industrie, les bras qui, dans ces dernières, seraient superflus, pourront être employés dans les autres branches qui améliorent, et ainsi l'équilibre règnera partout.

Une fois les bases et les principes de cette théorie exprimés dans toute leur netteté, rien de plus facile que d'en faire l'application ; et que si jamais les esprits ne l'ont devinée, c'est qu'ils n'ont pas connu la véritable valeur du suffrage universel ; qu'ils ont considéré le gouvernement comme l'élément du mal, au lieu de l'envisager comme la source du bien ; c'est que la vérité se revêt souvent des formes les plus simples, qui la font négliger ; c'est enfin qu'ils ont voulu bouleverser tout ce qui existe dans la société, et qu'on aurait dû respecter comme inviolable, parce que c'est l'œuvre de toutes les générations qui nous ont précédés, qui, à mesure qu'elles sont augmentées en nombre, se sont créé une foule d'objets qui, selon leur degré d'utilité, ont suscité les divers besoins factices des hommes, auxquels, selon leurs aptitudes physiques et morales, ils attachent un prix plus ou moins grand, par conséquent déterminent leurs penchants ; et cela même démontre que l'idée de l'égalité de condition n'est pas concevable.

Or, comme cette application m'entraînerait très loin si je voulais l'étendre dans tous les Etats, et me ferait perdre mon véritable but, qui est celui d'éclairer la France au moment des élections pour détruire toute racine des vieilles monarchies, je me bornerai à en tracer un tableau qui sera suffisant, j'espère, pour vous donner une idée exacte de la manière dont vous répartirez la juste récompense entre le capital et le travail.

Ainsi, rangeons pour un moment le capital et les bras tels qu'ils se trouvent dans l'état actuel de la société, et supposons que moi, capitaliste, ayant reçu de mes correspondants d'Angleterre des échantillons de couteaux, j'ai eu l'idée d'employer cent mille francs dans cette industrie. Pour cela donc, je suis obligé de m'adresser aux bras qui sont exercés dans cet art, et je leur dis : « Messieurs, la loi a reconnu que nous avons droit égal à la récompense, et, par conséquent, nous devons réunir nos efforts, vous pour améliorer votre condition et celle de vos enfants, moi pour conserver les épargnes de mes aïeux, qui sont le soutien de ma famille et l'aliment du travail ; pour cela donc, je veux livrer cent mille francs à l'industrie des couteaux ; mais, pour que notre spéculation aille bien, il faut que vous me donniez au moins vingt mille couteaux par mois, et qu'ils soient parfaitement semblables à ces échantillons. Quant à la quantité des bras que vous emploierez pour obtenir cette quantité de couteaux que je vous demande, cela ne regarde que vos intérêts, seulement je vous préviens que je tiens étroitement à l'exécution de ces conditions, sans quoi nous ne pourrons réussir dans notre entreprise. » D'après cela, les bras ayant le même intérêt dans les produits que le capital, ils chercheront à mettre de l'ordre et de l'activité dans leur travail, et, par conséquent, ils verront combien de bras seront nécessaires pour accomplir les conditions, et en même temps ils choisiront des chefs, parmi les plus habiles et les plus honnêtes d'entre eux pour les diriger et pour assigner le salaire selon l'activité et l'habileté de chacun.

Or, supposons que l'œuvre a marché parfaitement pendant un an, il est juste donc que l'on fasse les comptes, pour voir la part qui revient à chacun ; puis mettons que le capital employé pendant un an en outils, loyer, charbon, acier, comptabilité, etc., soit de quarante mille francs ; que l'argent déboursé pour l'aliment du travail des soixante ouvriers qui ont été nécessaires dans cette industrie a été de soixante-cinq mille francs, et enfin que les deux cent quarante mille couteaux obtenus en une année, et vendus à huit francs la douzaine, nous ont donné cent soixante mille francs de produit. Nous devons donc prélever d'une part les quarante mille francs du capital et le 4 p. $^0/_0$ admis par la loi, ce qui fait quarante-un mille six cents fr. ; de l'autre, le taux établi pour l'aliment des ouvriers couteliers qui, en admettant que la loi l'aura établi à trois francs cinquante centimes, monte à soixante-cinq mille cent francs, dont son soutien serait deux mille six cent quatre fr.; en résumé, nous avons en tout cent neuf mille neuf cent quatre fr. à ôter des cent soixante mille francs de produit brut, il nous reste donc cinquante mille huit cent quatre-vingt-seize francs de produit réciproque, qui doivent être partagés fraternellement entre le capital et les bras.

Supposons à présent qu'au lieu de vendre les deux cent quarante mille couteaux à huit francs la douzaine, on ne les vende qu'à six francs; dans ce cas, il y aurait toujours dix mille huit cent quatre-vingt-seize francs de produit net à partager entre les deux agents, et enfin, supposons qu'on ne les vende qu'à cinq seulement; dans ce cas, le capitaliste aura fait une mauvaise spéculation, car il ne lui revient pas même son capital, et il aura perdu en plus le soutien de son capital, le dégât et la détérioration des outils, etc., et dans cela même nous y voyons la justice également répartie; car, comme le capital prend à lui seul la moitié du produit réciproque, et par là il peut considérablement augmenter son capital, de même il peut être sujet à des chances fâcheuses qui peuvent l'amoindrir.

Quant à cette répartition entre le capital et les bras, je m'attends sans doute à ce que les prosélytes des nouvelles doctrines crient à l'anathème, car ils n'admettront pas qu'un individu, parce qu'il est capitaliste, doive prendre à lui seul la même quantité que soixante ouvriers; mais je leur répondrai tranquillement : Pouvez-vous nier que le capital constitue à lui seul un des trois agents qui existent dans la société? Ne contribue-t-il pas comme les bras à la grande œuvre de la marche sociale? N'est-ce pas lui qui nous procure tous les éléments nécessaires pour alimenter les divers besoins de la société, en sorte que le travail ne lui manque jamais ? Pour cela donc, plus une société sera civilisée, voyant les grands services que le capital de roulement rend à l'humanité, plus elle doit faire en sorte de l'augmenter pour parer aux frais de la guerre, aux disettes et aux autres éventualités auxquelles elle est malheureusement en butte.

Mais si, dans leur aveuglement, ces prosélytes ne veulent point rendre à l'agent capital la même justice qu'aux agents travailleurs, dans ce cas je les prierai instamment de ne plus nous débiter des doctrines boursouf-flées et absurdes, en nous faisant croire qu'elles ont été dictées pour le bien de l'humanité, car le véritable bonheur, comme nous l'avons vu, ne peut pas s'écarter de la justice, et si la vérité existe elle est là, je vous l'ai clairement démontrée, je vous en ai montré la marche, son portrait et son exemple; ainsi si les hommes honnêtes, au jugement desquels je soumets ce travail, croient qu'elle peut être appliquée en tout et partout, dans ce cas suivez-la et soyez heureux, parce que c'est par le chemin de la vérité seul que vous pouvez parvenir à une conciliation générale, qui pourra assurer à tous une suite de bonheur inépuisable. Si vous ne pouvez pas l'appliquer en tout, du moins il est incontestable que l'application en est facile dans toutes les exploitations et les industries alimentées par le capital de roulement, et par là vous aurez rétabli le crédit et la confiance dans la plus grande partie de la société. Et puisqu'il n'y a rien au monde sans défectuosité, il ne faut pas se formaliser pour cela et méconnaître la vérité. Du reste le bon sens des juges communaux et cantonnaux offre une garantie suffisante à la solution amiable des difficultés qui pourraient surgir.

Après cette exposition, je passe à ce qu'il convient de faire à l'occasion des élections, en vous promettant que si vous acceptez mes idées, je vous donnerai, dans un travail particulier, toute ma théorie en grand avec ses différentes applications, et je vous ferai voir que, n'importe dans quel sens qu'on la tourne, pourvu qu'on n'altère pas la sainteté de ses principes, elle nous donnera toujours les résultats les plus satisfaisants, en sorte que la récompense entre le capital et le travail se trouve mathématiquement répartie dans le sens de la justice.

Pour reprendre le fil de nos idées, je crois nécessaire de rappeler ici que nous avons posé que le suffrage universel était celui qui pouvait sauver la France du naufrage préparé par la démagogie, mais qu'il fallait savoir pour cela le rôle qu'y jouent le président et les représentants vis-à-vis de la société, de même que leurs qualités individuelles, afin que le public puisse juger par lui-même quelle est la règle qui doit le guider dans cette appréciation.

Et commençons d'abord par le président qui, étant le chef du pouvoir exécutif, a sous sa dépendance l'exécution des lois, la force armée, les traités avec les nations étrangères et la totalité des affaires de la République. A part toutes ses prérogatives, nous lui avons donné aussi la faculté de choisir à son gré les ministres et les agents de l'autorité publique, et par là nous lui avons transmis les rênes de l'Etat, et attaché une foule de subordonnés à son pouvoir, qui pouvant être changés à son gré, peuvent, s'il oublie ses devoirs, servir ses intérêts particuliers au lieu de l'intérêt général de la nation. Et la chose est d'autant plus étrange que ses employés dépendant de lui par conséquent devraient être tous solidairement responsables de leurs actes. Cependant chacun n'est responsable que de tous ceux qui lui appartiennent. Nous voyons par là que le choix de ce président mérite uue scrupuleuse attention, car par l'influence qu'il exerce sur le gouvernement et sur tous les employés de l'Etat, il peut servir ses intérêts et ceux de ses adhérents, sans même en être responsable. Et par conséquent dans les traités il peut favoriser et servir la cause des tyrans au lieu de celle des peuples, dans la société les intérêts des riches au lieu de ceux des pauvres. Il peut aussi porter une atteinte dangereuse aux libertés acquises par le sang du peuple; et enfin la force physique et morale de la nation résidant en lui, il peut usurper le pouvoir absolu. Nous voyons donc par là les fautes impardonnables à la Constitution, et nous devons redoubler notre attention dans son choix, seul moyen qui puisse sauver nos saintes institutions.

Le chef de la République représentant le père de la nation, doit être par conséquent un homme impartial, équitable, d'une morale à toute épreuve et d'un talent politique supérieur. Et comme le capital de roulement constitue le bonheur d'une nation, ayant dans ses mains la trame de toutes les démarches sociales et commerciales, il doit faire en sorte de l'augmenter autant qu'il lui est possible. Il faut aussi que, par son zèle et son talent, il provoque l'instruction, les arts, l'industrie, le commerce, les ateliers nationaux, et l'agriculture surtout, car il est véritablement honteux pour un pays éminemment agricole comme la France d'être obligé souvent de recourir aux grains étrangers pour subvenir à sa subsistance. Il faut aussi qu'il propose les plus grandes économies pour augmenter ce capital, et que tout intérêt particulier tombe dans le néant, en vue de l'intérêt général de la nation qui doit être sa pierre de touche. Il faut aussi qu'il soit le gardien des lois, et tandis qu'il les fera respecter par tous, il faut qu'il soit le premier à s'y soumettre. Il faut aussi qu'il sauvegarde l'honneur de la nation comme la chose la plus précieuse du monde, et qu'il fasse respecter ses institutions et le droit des gens au dehors. Il doit exciter aussi les nobles émulations, les talents, la piété, la gloire ; il doit proposer des concours, établir des récompenses et des honneurs qui seront décernés au véritable mérite. Il doit élever l'armée de façon à en former la force et le rempart des institutions politiques et sociales de la nation, et non pas à en faire les bourreaux de ses frères. Enfin il doit réconcilier les esprits, protéger les intérêts de toutes les branches de la société, et provoquer l'amour par l'amour. Un tel chef doit être considéré par nous comme le père du peuple, et par ce mot j'entends toutes les branches de la société, car dans un gouvernement républicain et dans une nation civilisée comme la France, on ne doit plus admettre aucune distinction, et chacun, par l'utilité de son travail et de son génie, aura seulement droit à la reconnaissance publique. Tout attentat contre son autorité, c'est un crime de lèse-liberté ; car il émane du suffrage universel, et il mérite pour cela notre respect et une obéissance à toute épreuve à la promulgation de ses lois, dans l'assurance qu'elles n'ont été dictées que pour notre bien et notre intérêt. Enfin toute révolution, tout désordre ne doit plus exister là où le suffrage universel existe, car si le gouvernement est réactionnaire, la faute est à nous, parce que nous en avons fait le choix parmi les usuriers et les privilégiés.

Mais malheureusement ce choix est fait... la faute est consommée... les espérances des peuples trahies... mais n'importe, le tableau de ses devoirs est là, il est ostensible au peuple qui le voit ; il dépend donc de lui de faire de son nom un symbole d'idolâtrie s'il penche vers le bien, ou de se donner à l'exécration publique s'il s'éloigne de ses devoirs. Français, il dépend aussi de vous de sauvegarder la sainteté de vos institutions et l'honneur de votre patrie. Les nouvelles élections sont prêtes, voilà donc un nouvel élément, une nouvelle garantie pour vous qui peuvent empêcher tout égarement de sa part.

Ici nous devrions indiquer le rôle et les qualités des éligibles, mais comme cela se trouve déjà esquissé dans toutes les listes électorales, je trouve qu'il serait superflu de les énoncer. Seulement je rapellerai à mes lecteurs que, comme la création des lois appartient exclusivement à l'Assemblée nationale, et qu'elle fixe le nombre des forces militaires et en dispose, par cela même elle peut nous donner des lois dans le sens que nous avons proposé, contrôler et borner tout abus qui pourrait venir de la part du pouvoir exécutif, garantir le progrès de nos institutions, et nous faire atteindre au bonheur social.

Notre seule ressource dépend donc de ce choix, mais pour le faire convenablement, il faut que je vous découvre une autre vérité qui doit vous servir de guide dans ces élections.

De tout temps les pauvres ont été la dupe des riches. Cela provient de deux causes : l'une inhérente à la nature humaine, l'autre dépendant plus spécialement de votre caractère. L'homme, en effet, serait un être parfait, un demi-dieu sur la terre, s'il n'avait un petit défaut, lequel n'existe surtout que dans les classes privilégiées de la société, et il est sujet à des modifications divergentes qui peuvent pencher au bien ou au mal selon la nature des gouvernements et les tendances sociales, et par là je ne désespère pas que si vous suivez mes conseils, nous ne réussissions à déraciner les mauvaises et à repeupler les bonnes. Ce défaut est l'égoïsme, il dérive de l'amour de soi, lequel, s'il tend à l'intérêt matériel et à exagérer cette individualité dangereuse, engendre l'amour des richesses, l'envie, le luxe, le libertinage, l'usure, l'artifice, et toutes les bassesses qui dégradent la nature humaine; et au contraire, s'il penche vers l'intérêt moral et la satisfaction inhérente au bien, il produit l'amour du prochain, le dévoûment, l'amour de la patrie, de la gloire, et de là ont tiré leur origine les nobles exploits des anciens Grecs et des Romains, qui nous ont été transmis par l'histoire comme les héros de l'humanité : mais par la suite, une fois que leurs républiques furent détruites, les nobles penchants furent remplacés par l'égoïsme, les mœurs se corrompirent, et leur puissance fut anéantie. Ce tableau est suffisant, j'espère, pour vous prouver que le véritable ressort qui peut assurer le progrès et le bonheur des peuples, consiste dans la propagation de cet intérêt moral, source de tout bien. Mais malheureusement il n'y a pas longtemps que nous sortons des mains de Louis-Philippe ; celui-ci était un vieil avare rusé qui avait appris à ses dépens à connaître le monde, et il savait mieux que tout autre que la souche la plus puissante du cœur humain est l'égoïsme : mais il connaissait aussi que, dans les classes pauvres, ce vice n'existe pas, et qu'au contraire elles penchent vers l'intérêt moral, et par là il était placé entre les exigences des riches et l'élan des pauvres, et d'une part il prodiguait aux uns l'or, les emplois et les honneurs, et les autres il les expédiait en Algérie pour exhaler là leurs penchants belliqueux, tandis qu'en cachette il envoyait de l'argent à ses amis d'Angleterre pour fournir de la poudre et des fusils aux Arabes, et il fomentait par là ce beau drame, qui réjouissait l'esprit belliqueux du peuple, tandis qu'au fond ce n'était qu'une boucherie préméditée; et par ce moyen il se moquait des uns et des autres.

Je vous ai dit que l'autre cause provenait de votre caractère, lequel d'ailleurs, il faut en convenir, ne manque pas de bonnes qualités, et j'ai toujours été l'admirateur de votre courage, de l'emportement et de la fougue qui vous font franchir tous les obstacles, et briser toutes les entraves; mais une fois que vous êtes parvenus au but, vous devenez dociles, doux, crédules, et vous vous laissez mettre en fagot par le premier venu, pourvu qu'on sache vous illusionner. Cela montre que vous n'avez pas encore cette énergie qui provient de la conviction de ses propres actions, et qui est nécessaire pour cueillir le fruit de ses victoires. Or, mes amis, voulez-vous conserver la République et obtenir le dédommagement de vos sueurs? Soyez plus conséquents avec vous-mêmes. Voulez-vous n'être plus la dupe des riches? Méfiez-vous toujours des égoïstes, qui vous flattent par des mensonges, vous illusionnent par des doctrines et vous poussent au sang par des diatribes, dans le but de parvenir au pouvoir, et une fois arrivés là, ils vous abandonnent comme tous les autres, et se moquent de vos misères. Pourtant toute règle a ses exceptions, et il ne faut pas prendre mes mots à la lettre, car la véritable vertu se fait jour à travers les ténèbres, et dans les classes privilégiées et surtout dans la catégorie de l'esprit, j'en connais beaucoup qui méritent notre estime; et partout où la vertu se montre il est juste, que nous lui donnions la préférence.

Après cette révélation sincère que je me suis permise dans l'intention de corriger les uns et de mettre en garde les autres, je viens à la conclusion, et présent toujours à moi-même, et prenant pour guide la vérité, je vous annonce en dernier lieu que, puisque nous sommes forcés de respecter l'état social, et puisque les membres de la société sont partagés en trois catégories, il est dans l'intérêt de tous de choisir nos représentants parmi les gens les plus honnêtes et les plus éprouvés, qui rentrent dans les trois catégories énoncées, et par ce moyen nous établirons l'équilibre dans toutes les classes, et je ne doute pas que nous ne parvenions à recueillir le fruit du travail de toutes les générations qui nous ont précédés.

C'est donc de l'application de cette théorie que peut ressortir le bonheur social; c'est par cette entente générale que la liberté, l'égalité et la fraternité pourront s'incarner dans la République; c'est enfin par elle que la société pourra atteindre la dernière limite de la PERFECTIBILITÉ HUMAINE.

CRUYLLAS.

Paris. Imp. Lacour et Cie, rue Saint-Hyacinthe-Saint-Michel, 33.